Ukelele Para Principiantes
Canciones y Melodías Fáciles

Frederick Johnson

Frederick Johnson

Derechos de Autor:

CONTENIDO:

. .

Ukelele Para Principiantes
Canciones y Melodías Fáciles

. .

Introducción

Bienvenido al libro de canciones y melodías fáciles para ukelele. Antes de comenzar, me gustaría agradecerle por elegir este cancionero y por tomar la decisión de aprender el instrumento más bello del mundo - el ukelele. Espero que encuentre este libro útil y que pueda usarlo para avanzar en su viaje musical en el futuro.

Como Usar Este Libro

Puede usar este cancionero como mejor le parezca, pero se presenta de una manera fácil de seguir, usando tablaturas simples y firmas de tiempo. Todas las canciones de este libro son icónicas y es probable que las reconozca todas. Incluyen éxitos pop, canciones de rock, melodías navideñas, música de partituras de películas y melodías tradicionales. En definitiva, ¡te espera un regalo! Cada canción que aprenderá en este libro se transpone de una manera que sea fácil de seguir para los principiantes. Por favor practique cada uno más de una vez. Antes de tocar las canciones de este libro, aprenderá los conceptos básicos sobre cómo tocar el ukelele.

Cómo Afinar El Ukelele.

Antes de tocar una sola nota, necesitamos afinar nuestro ukelele. Un ukelele bien afinado es esencial cuando se toca solo ya que las notas individuales suenan más claras que cuando tocamos acordes. En esencia, puede escuchar las notas individuales una por una y, por lo tanto, cada cuerda debe estar afinada.

El ukelele de cuatro cuerdas está sintonizado de **Sol** a **La** de la siguiente manera:

Sol - Do - Mi - La

Si bien podría invertir en un sintonizador barato que se enganche en el clavijero de su ukelele, es mucho más conveniente y eficiente en tiempo usar solo sintonizadores en línea que se pueden descargar en forma de aplicaciones. Alternativamente, puede encontrar muchos videos de "cómo afinar su ukelele" en línea que reproducen el sonido de cada cuerda y puede hacer coincidir las cuerdas de su ukelele con cada uno de los cuatro tonos. En cualquier caso, recuerde volver y afinar su ukelele dos veces para asegurarse de que cada cuerda esté bien afinada con precisión. No hay nada peor que un instrumento incluso ligeramente desafinado. No importa qué tan bien pueda tocar notas y acordes, sonará muy mal si su instrumento está apagado por algunos tonos. Confía en mí cuando digo que vale la pena los segundos o minutos adicionales que lleva ser pedante sobre la afinación de tu ukelele.

Ahora, en caso de que se pregunte qué cadena es cuál, es simple: la cadena Sol es la cadena más cercana a su cuerpo. A menudo se le llama la cadena superior. A continuación, tenemos la cadena Do, que en realidad es la cadena que suena más profunda. Luego, esto es seguido por la cadena Mi y, por supuesto, la cadena inferior (que es la más cercana a sus piernas): la cadena La. El ukelele, naturalmente, tiene una afinación abierta distintivamente dulce. De hecho, una pequeña cosa agradable que hacer una vez que su ukelele esté afinado es dejar que suene cada cuerda, una por una.

Como Leer Tablatura

Ahora que tiene un instrumento bien afinado, es hora de tocar un poco. Antes de tocar o tocar cualquier nota antigua, es importante entender cómo los jugadores de ukelele leen música. Debería afirmarse aquí que, si bien numerosos jugadores profesionales de ukelele pueden leer y leer "partituras tradicionales", es sorprendentemente raro que un guitarrista u guitarrista de ukelele use una forma de partituras musicales en un pentagrama.

En cambio, los jugadores de ukelele usan con frecuencia "tablatura". La tablatura a menudo se acorta a "pestañas" y se refiere a una puntuación que se ve así:

Como notará en el diagrama anterior, hay cuatro líneas. Estas líneas representan las cuerdas del ukelele. La línea inferior representa la cadena más cercana a usted (la cadena Sol), la siguiente es la cadena Do, luego le sigue la cadena Mi y la cadena alta (la más cercana a sus piernas) es la cadena La.

Ahora, te habrás dado cuenta de que las cuatro líneas no tienen nada. Esto se debe a que el diagrama de la página anterior es solo una pizarra en blanco. Cuando agrega números, tiene notas para tocar. La tablatura es una forma de mostrarle al jugador del ukelele qué notas tenemos que tocar y cuando se agrega un número a una línea (cadena), esto representa qué traste (espacio de línea en el ukelele) tenemos que tocar.

Mira este diagrama:

Observe cómo hay un "0" en cada cadena. Como no estamos jugando un traste, el traste numerado es técnicamente cero. Llamamos a esto una cadena abierta y siempre se escriben como un "0" en la pizarra de la tablatura. Cuando agreguemos notas con trastes a la pestaña, se vería así:

En este ejemplo, tenemos una nota con trastes y dos cadenas abiertas. Entonces, para tocar la melodía anterior, primero tocamos la segunda secuencia abierta (la secuencia Do). Después, tocamos la cuerda abierta Mi. Finalmente, tocamos el tercer traste (tercer espacio forrado en el diapasón del ukelele) de la cuerda (superior) La.

Las melodías son una serie de notas que generalmente se tocan individualmente. Sin embargo, debe enfatizarse que existe una diferencia entre las notas agrupadas y las notas individuales y cómo se distinguen cuando se escriben en forma de tablatura. Tomemos el ejemplo del diagrama anterior: eche un vistazo a las siguientes dos variaciones de las mismas notas. Uno se juega como notas individuales (idéntico al diagrama anterior) y el otro se agrupa.

(1)

(2)

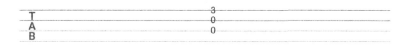

Ambas variaciones implican la misma notación: lo que constituye un acorde Do mayor. Ambos tienen dos cuerdas abiertas y terminan en el tercer traste de la cuerda alta de La. No obstante, existe una diferencia muy clave entre los diagramas (1) y (2). Es decir, hay un espacio en el diagrama (1) que no se encuentra en el diagrama (2). Las notas del primer diagrama se separan y se tocan individualmente, mientras que las notas del segundo se tocan juntas en lo que llamamos un acorde. Un acorde es un grupo de dos o más notas. En el caso del diagrama (2), las notas se tocan al unísono. Cuando las notas se agrupan en un

acorde, se supone que debemos rasguear en un solo movimiento.

Esto permite que suenen las cuerdas y, en el caso de este ejemplo, escuchamos un magnífico acorde de Do mayor, ¡uno de los acordes de ukelele más importantes para principiantes!

¡Felicidades! Ahora ha completado con éxito la guía para principiantes y ahora que está enterado de cómo afinamos el ukelele y cómo leer las pestañas, sigamos con las canciones y melodías fáciles ...

. .

Melodías y Canciones Fáciles

. .

Danny Boy

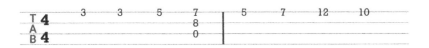

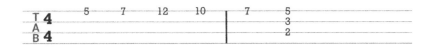

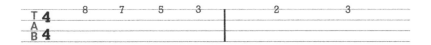

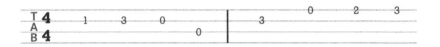

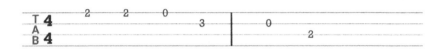

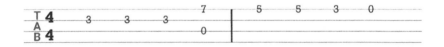

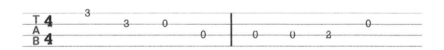

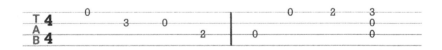

Morning Has Broken

```
T 3   0        0   |   3       0
A 4       2         |
B
```

```
T 3                 |
A 4       2   4     |   2   0
B
```

14

The Star Spangled Banner

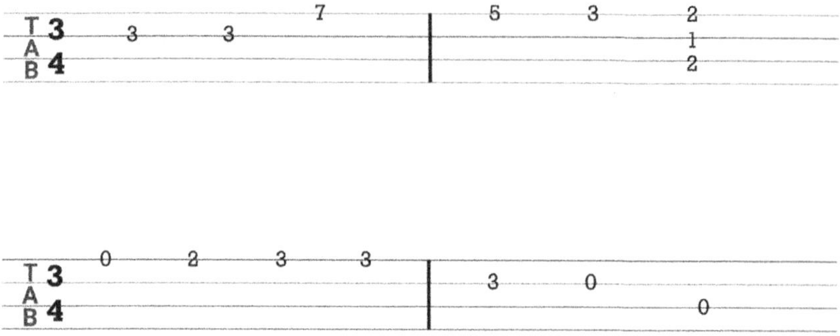

London Bridge is Falling Down

```
T 4   3   5   3   1  |  0   1   3
A 4
B 4
```

```
T 4              3   |
A 4     2            |  4   0
B 4                  |
```

18

Silent Night

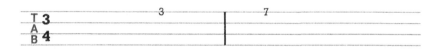

Kamakawiwo'ole

```
T  4      8        7        5        3
A  4
B  4      0
```

```
T  4      8        7        5        3
A  4
B  4      0
```

```
T  4      10       8        8        7
A  4
B  4      0
```

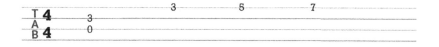

```
T 4 ----------------------3---------5---------7---------
A 4 ----3------------------------------------------------
B 4 ----0------------------------------------------------
```

```
T 4 ----------------5--------7--------3--------3---------
A 4 -------------------------------------------3---------
B 4 -------------------------------------------0---------
                                              0---------
```

Honolulu

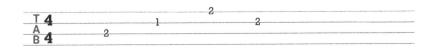

```
T 4          3              3
A 4              0              0
B 4
```

```
T 4                   3
A 4                   0
B 4                   0
```

Ways of the Hawaiian Sun

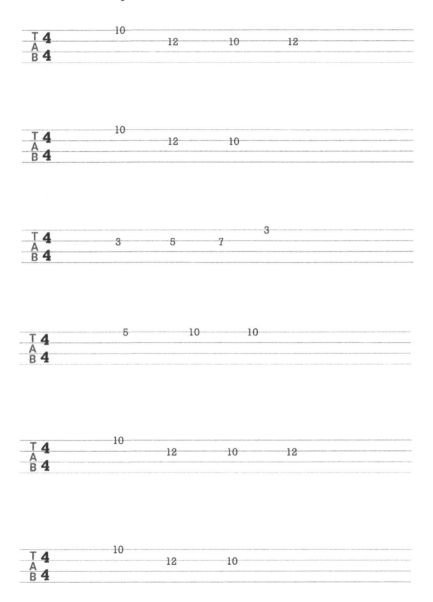

```
T 4 ─────────────────────────────────────────3─────────────
A ──────3───────5───────7──────────────────────────────────
B 4 ──────────────────────────────────────────────────────
```

```
T 4 ──────5───────10──────10───────────────────────────────
A ────────────────────────────────────────────────────────
B 4 ──────────────────────────────────────────────────────
```

Joy to the World

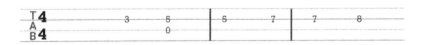

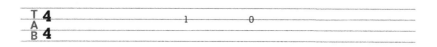

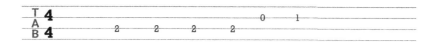

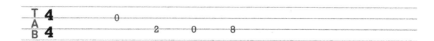

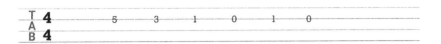

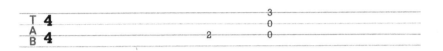

```
T 4 ─────────────────────────3──────────────
A 4 ───────────────────────────0──────────────
B 4 ─────────────────2────────0──────────────
```

Jingle Bells

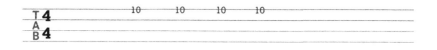

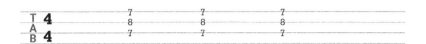

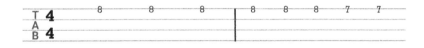

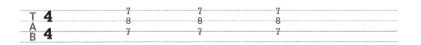

33

Deck The Halls

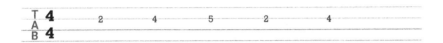

```
T 4 ─────── 2 ─── 0 ──────────── 0 ─────────
A 4
B 4 ──────────────────── 3 ──────────────────
```

We Wish You a Merry Christmas

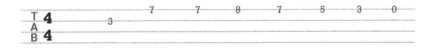

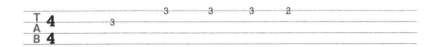

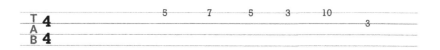

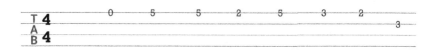

```
T 4                                    0    5    2    3
A                        3      3
B 4
```

Moonshine & Shadows

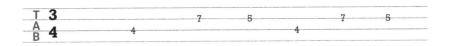

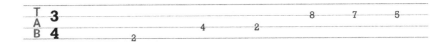

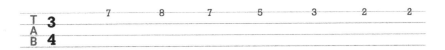

41

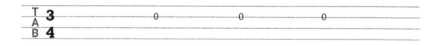

Back to Endor

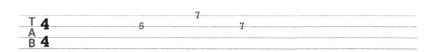

```
T  4                8      7      5      3      5
A  4
B  4
```

```
T  4                         2      0
A  4
B  4
```

Twinkle Twinkle, Little Star

Old MacDonald (Had a Farm)

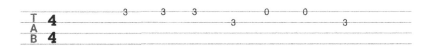

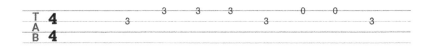

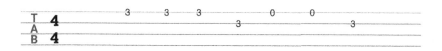

Love

Mary Had a Little Lamb

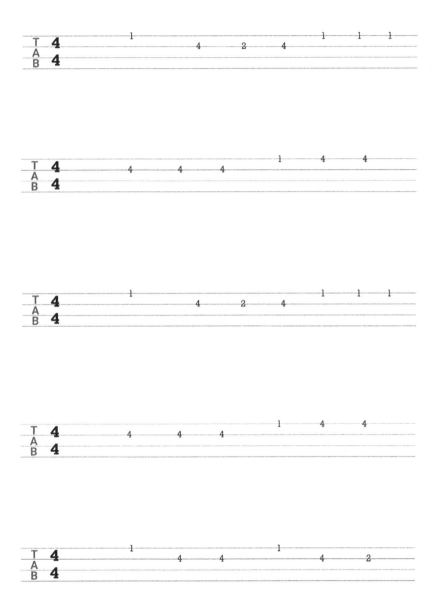

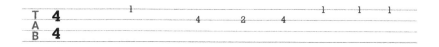

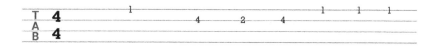

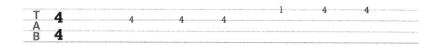

Ba Ba, Black Sheep

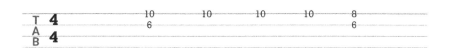

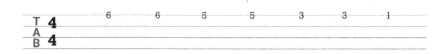

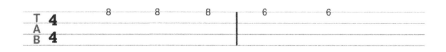

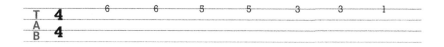

Cherish (Celtic Song)

58

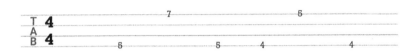

Edinburgh Reel

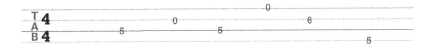

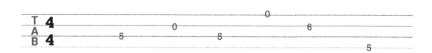

The Scot's Welcome

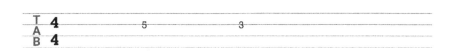

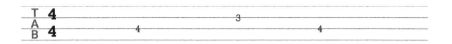

O, Christmas Tree

God Save The Queen

St. Antoine's Reel

Light Theme

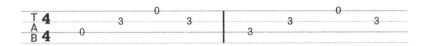

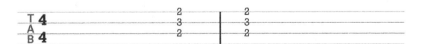

The Waves At Dawn

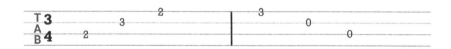

Conclusión

Y así, llegamos al final de este libro de melodías fáciles, me gustaría agradecerle por elegir este libro y, si lo disfrutó, le recomendaría que consulte los otros cancioneros y libros de ukelele que ofrecemos en A&M Books. Le deseo todo lo mejor en su viaje de ukelele a partir de aquí.

..

A&M BOOKS

Made in the USA
Las Vegas, NV
03 July 2024

91848319R00059